Cœur Turquoise

www.facebook.com/victor.poemes

© 2021, Zabatt, Victor
Edition : Books on Demand,
12/14 rond-Point des Champs-Elysées, 75008 Paris
Impression : BoD - Books on Demand, Norderstedt, Allemagne
ISBN : 9782322273867
Dépôt légal : janvier 2021

Chanter

Je chante avec mes potes

Je ne sais que gazouiller

Ils ont fermé la porte

Ton micro est branché,

Y en a certains c'est sûr

M'auraient déjà viré

Le nez contre la porte

Il faut te recycler,

De tout ça je me moque

Je veux laisser une ombre

Tapisser nos mémoires

De notes et de rondes,

J'ai vendu mon âme

A ces lignes sans flammes

Le rock le blues

Des sons que j'épouse,

Rêveries en couleurs

Je cherche mon étoile

Les yeux levés au ciel

Je crèverai la toile,

J'étouffe je suffoque

Je souffle sur la braise

J'écarte cette fumée

Pour dévoiler mes rêves,

Derrière ce rideau

J'ai la voix qui tremblote

J'aurais du boire cette eau

À ce vin qui picote,

Je contemple l'arène

Où s'écrivent les histoires

De ces rois de la scène

Et de nos rêves de gloire,

Une harmonie en foire

Des notes qui pétillent

Je me fonds dans le noir

Accroché à mon fil,

Du matin jusqu'au soir

Je fredonne mes copies

Il n'est jamais trop tard

Pour un brin de folie,

On partage nos voix

Sur des brins d'écriture

Un ange près de moi

Aux allures de Diva,

Sans eux je ne serais rien

Sans voix ni musiciens

Je les ai engloutis

Dans un coin de ma vie,

Une bande qui se marre

Un roman chaque soir

J'ai posé sur l'autel

Nos mirages qui sommeillent,

Dévoiler mes rengaines

Sur le bord de l'estrade

Dérouler tous ces mots

Ces rimes qui m'obsèdent,

Le succès le triomphe

Sont comme les Licornes

Des songes égarés

Une obsession que j'aime,

Je mets de la couleur

Pour effacer ce gris

Que le diable m'emporte

Si ces vers vous ennuient,

Ne cherchez pas mon nom

Dans ces canards qui crient

J'ai donné mes espoirs

À ma bande d'amis,

Je ne fais pas d'effort

Pour grimer qui je suis

Tout simplement Victor

Un amoureux de la vie,

Je vais emballer tout ça

Un bouquet de paroles

Ma voix est aux abois

Je ne serai pas une idole,

Je vais chanter ce soir

Debout je vais brailler

Faire croire à ceux que j'aime

Je sais vraiment chanter.

Colle

Je n'ai plus les verbes

Je n'ai plus les mots

Les voilas égarés

Comme dans ce métro,

Me voilà orphelin

De ces lignes sans fins

Toutes ces friandises

N'ont plus goût de rien,

Je suis à bout de rimes

De vers d'alexandrins

Quand reviendra la rime

La frime pour demain,

Je cherche mon essence

Cette sève asséchée

Dans les veines des licornes

Antidote sacrée,

Très impatient

De dicter mon dessein

Une résurrection

Effacer le mot fin,

J'attends cette vague

Me noyer dans les lettres

Comme cet alphabet

Au fond de mon assiette,

Continuer à écrire

Le meilleur et le pire

Le bien ou le mal

Tant pis si ça fait mal,

Je tapisserai les pages

De romances pas très sages

Des histoires à l'eau claire

Et de troubles mystères,

Une abondance de phrases

Une boulimie sans fin

Un monde qui s'écrase

Sur le seuil d'une page,

Tout ça n'est que paroles

Il manque cette colle

Pour rassembler ces lettres

Échappées de ma tête,

Je sais où la trouver

Et j'irai la chercher

Dans une petite rue

Qui mène vers l'inconnu.

Dernière noce

Quand le ressort sera cassé

Je voudrais qu'elle soit gaie

Cette dernière noce

Pour l'éternité,

Cinq minutes de larmes

Pour purifier ton âme

Les rires fuseront

Pour me ressusciter,

Je déposerai les armes

Quand la vie m'aura fuit

Je laisserai une flamme

A ceux qui m'ont chéri,

Le soleil brillera

Comme ces yeux qui scintillent

Les visages noyés

Dans ces rivières salées,

Rire comme je l'aimais

Ce vin pour s'enivrer

Ces histoires ces poèmes

Qui traversent ma vie,

Je les entends déjà

Pouffer à s'étouffer

Je serai sur la scène

Dernière matinée,

Les pardons les regrets

Le bien et le mal

Le jugement dernier

Les anges ou le brasier.

Dessein

Elle n'est pas là

Elle n'est pas loin

J'attends ses pas

Comme un besoin,

Elle s'est assise près de moi

Carnet à dessins sous le bras,

On a parlé littérature

Des balivernes que l'on apure,

J'ai mangé toutes ses paroles

Un menu que je raffole,

Un café une cigarette

Dans un décor un peu champêtre,

Je suis rentré dans les entrailles

De ce livret aux mille trouvailles,

Des contours des arrondis

Des paysages sur des tons gris,

Des portraits et de l'abstrait

Des couleurs et des odeurs,

Des traits sans fin qui lui vont bien

Des mains sans traits lisses et feutrées,

Des rondeurs que l'on effleure

Sur son visage des couleurs sages,

Pas de mots ni de discours

Pas de mensonges pour faire la cour,

Un attrait une frénésie

Comme un aimant qui vous entoure,

Des sentiments qui tournent autour

Cette force dans l'invisible,

Un besoin inexpliqué

Que seul la foudre a le secret,

Le théorème de l'attirance

Une équation vers l'inconnu,

Tous les savants dans l'ignorance

Quand les corps sont dans la transe,

Dans ses yeux je me suis perdu

Une étendue inexplorée,

Elle m'a ouvert sa grande bulle

M'a enfermée dans ses secrets,

Elle m'a parlé sans s'arrêter

M'a effleuré le bout des lèvres,

J'ai fondu comme un glaçon

Dilué dans ce beau rêve,

Je me suis mis à espérer

A décanter les jours d'après,

Mon horizon enjolivé

De ce désir inespéré,

Je l'ai serré fort contre moi

Pour que son âme coule en moi,

J'ai dérobé son existence

Volé son cœur pour qu'on avance,

Le temps passe les heures s'effacent

Je reste figé sur ce mirage,

Je voudrais que tout s'arrête

Et qu'elle m'emporte entre ses pages,

Un beau dessein qui se dessine

Pas de crayon et pas de mine,

Pas de ratures et pas de gomme

L'amour est libre sans couleurs.

Enfuis

Ils ont fuit en pleine nuit

Avec leurs vies pour seul bagage

L'amour est plus fort que l'ennui

Ils écriront leurs dernières pages,

Il s'est noyé dans ses yeux noirs

Quand ses larmes ont débordé

Il s'enfonce et s'enlise

Dans une tourmente qui le grise,

Pour le meilleur ou pour le pire

Ils ont détruit leurs empires

Effacé leurs univers

Au goût de rance qui exaspère,

Une torsion aux habitudes

Celles qui bouffent leur oxygène

Ils changent tout même la lune

Sera complice de leurs veilles,

C'est l'histoire d'une sirène

Qui s'est accrochée à une traine

Tous ses rêves emmêlés

Impossibles à démêler,

Le vent les portera

Ou les dispersera

Amas de feuilles tas de brindilles

Ou simplement prendre racine,

Ils ont juré se sont promis

Pas de semblant pas de répit

Noyer les mots dans la tendresse

La magie fera le reste,

Ils chantent ils rient

L'innocence les envahit

Les mains liées ils sont partis

Les yeux fermés brin de folie,

Des murs blancs pour renaître

Ils ont jeté par la fenêtre

Un passé empoisonné

Qui étouffe un manque d'air,

Un exil vers le futur

Un futur pour qu'ils existent

Un horizon qui se rapproche

Demain un autre son de cloche.

Espérer

Je ne veux pas m'enfuir

Mais plutôt espérer

Des calembours

Ironiser le pire,

Fini les discours

Les peut-être les bientôt

Le monde devient sourd

Rendez nous ce qui est beau,

Donnez nous l'espoir

Un cri dans notre histoire

Le soleil va briller

Et va tout emporter,

On va rire et chanter

S'embrasser s'enlacer

Retrouver cette lumière

Que la nuit a volé,

Les parents les enfants

Grand papa grand maman

Ce lien qui fascine

Pour l'éternité,

Les serments les regrets

Les moments partagés

Le bien ou le mal

Il faudra y songer,

On va rattraper

Ce que le temps nous a pris

Les emmerdes les soucis

Juste le temps d'un répit,

Arrêter de compter

Crier tout notre amour

À ceux qui ont compté

Et ces blouses harassées,

Bientôt viendra temps

Cette liberté volée

Délivrance attendue

Sur la pointe des pieds,

Ni jamais ni personne

Pourra nous assurer

Que la folie des hommes

Ne pourra s'arrêter.

Grande

Ne grandit pas ma grande

Dans le monde des géants

Il n'y a plus de fée

Ni de monde enchanté,

Tu verras des méchants

Avec des grandes dents

Ceux là ils sont vrais

Pour mieux te dévorer,

Retourne dans ta cour

La cloche va sonner

Écoute le discours

D'une maitresse passionnée,

Sur ce grand tableau noir

On attache les lettres

Tu comprendras plus tard

Ce que veut dire liberté,

Un mélange de couleurs

Dans ta trousse serrée

Comme les humains

Vers la fraternité,

Garçon et fille

Une classe radieuse

À chacun sa chance

Vive l'égalité,

Apprends le verbe aimer

Il te suivra partout

Ça finit comme la paix

Pour l'instant tu t'en fous.

Gravure

J'ai gravé ton image

Sur un morceau de moi

Un reflet qui s'égare

Sur le fond du miroir,

Des contours et des traits

Des courbes adoucies

Le langage secret

Du serment d'une vie,

Une trace qui se cache

Quand arrive la nuit

Une marque d'amour

Dès la lueur du jour,

Un message sur ma peau

Qui se lit sans un mot

Une offrande infinie

Angélique impression,

Des couleurs emmêlées

Une fresque sacrée

Des douleurs apaisées

Quand au loin tu t'enfuis,

Couchée sur l'épiderme

Tu me suis comme une ombre

Mon étoile céleste

Pour conquérir le monde,

De l'encre indélébile

Qui sillonne ma peau

Je contemple ces lignes

Qui n'en finissent pas.

Je, tu, il….

Je suis un papillon

Je dérobe le printemps

Et je vole le vent,

Tu es cette jolie fleur

Où j'ai posé mes ailes

Dans un calme solennel,

Il est de ces instants

Ces délices du temps

Qu'on voudrait éternel,

Nous voilà enlacés

Aux caprices des vents

Ils vont briser nos chaînes,

Vous trouvez ça étrange

Un mariage d'amour

Entre ciel et terre,

Ils partiront dans l'abyme

Ces profondeurs intimes

Des amours éphémères.

Jeu de verbe

Être pour paraître

Avoir il est trop tard

Croire un peu d'espoir

Pour rêver ne pas dormir

Manger pour boudiner

Boire pour oublier

Écrire pour épater

Gommer faut des idées

Mourir pour les vivants

Vivre pour les mourants

Survivre faut de l'argent

Souffrir faut des pansements

Subir ce n'est pas marrant

Frapper pas les mamans

Taper pas les enfants

Migrer c'est déroutant

Aimer toujours pressé

Pressé ça mène au pire

Haïr ça peut blesser

Ça saigne dans les cœurs

Clamer dans son miroir

Gagner faut des perdants

Sourire des belles dents

Rire si t'es heureux

Pleurer ça fait du bien

Acheter faut les moyens

Hurler quand on est sourd

Entendre ce qu'on veut bien

Crier ça ne sert à rien

Chanter j'ai essayé

Attendre comme un lapin

Toucher pour les coquins

Jouir toute une histoire

Fuir quelle lâcheté

Combattre faut du courage

Lutter ce n'est pas gagné

Vivre jusqu'à crever

Percer c'est dégonfler

Gonflé il faut oser

Oser pour espérer

Duper pour les naïfs

Tromper dans les discours

Serrer des phalanges

Écraser ceux qui dérange

Pouvoir faut en vouloir

Vouloir il faut pouvoir

Donner c'est récolté

Cueillir quand t'as donné

Mentir ce n'est pas facile

Il s'étire comme un fil

Tricher c'est plus habile

Quand les dés sont pipés

Embrasser c'est divin

Se cacher dans un coin

Caresser pas hostile

Je censure l'intime

Des verbes pour changer

Des rimes enflammées

Des verbes qui s'affichent

Dans un duel phrasé.

Le clou

Je reste là planté

Je ne peux avancer

On m'enfonce je dérouille

Maquillé par la rouille,

Un dernier coup de grâce

La souplesse d'un piquet

A grand coup de maillet

Je clos les funérailles,

J'aime ce qui est tendre

Du bois pour me détendre

La gomme qui s'essouffle

Dans un dernier soupir,

Je rime avec le fer

Pour une longue vie

J'ai cloué le Saint Père

Sur cette croix Bénie,

On l'envie on la fuit

Cette maigreur est un cri

La laideur se lit

Dans les regards aigris,

C'est la grande traversée

Des clous qui se partagent

Toi piéton apeuré

S'ouvre le passage,

J'aimerais que ce texte

Soit le clou de la fête

Pour finir à la pointe

D'une tirade burlesque,

Je suis droit comme in i

Ça finit par un u

Il n'y a rien à y faire

Je finirai tordu.

Bavardages

Le monde est pâle

T'as pas cent balles

Je vais acheter de la couleur

Pour grimer cette pâleur,

La soupe à la grimace

C'est dégueulasse

Il paraît qu'un sourire

Suffit pour l'adoucir,

Sur ce vieux banc usé

On a gravé de l'amour

Il reste de la place

Pour s'étaler au jour,

La guerre les bombes

Il faut du monde

Pour la paix

Quelques colombes,

L'argent l'avenir

Ça ne fait pas rire

Mais moi je m'en fous

J'aime le ragoût,

Le Père Noël

J'y crois encore

J'aimerai m'offrir

De beaux décors,

J'aurai voulu

Etre un artiste

Vouloir et être

Des kilomètres,

La politique

Un vrai pastis

Cinq volumes d'eau

Pour te noyer,

La pomme

Ou la fenêtre

Attention

Ils te guettent,

La redevance

Je vais la payer

Notre gendarme

Est fatigué,

Les impôts

Sont prélevés

Le sourcier

Ils l'ont viré,

J'aime

Les jolis sons de cloche

Je n'aime pas

Ceux qui t'écorchent,

J'aime les brunes

J'aime les blondes

Celles qui moussent

Qui éclaboussent,

Il paraît

Que c'est la guerre

Dans tous les ministères,

Ici c'est l'ennui

Au fond

De ma librairie,

J'arrête d'écrire

Je ne vais pas dormir

Je reviendrai

Je vous le promets.

Le temps des….

C'est le temps des poètes

Ouvre grand la fenêtre

Laisse entrer la lumière

Un halo de quiétude,

Il est temps de s'aimer

Des jamais des peut-être

Des incertitudes

Qui écorchent le sommeil,

C'est le temps des amours

Qui naissent dans la cour

Les larmes se reflètent

À la fin des beaux jours,

Le facteur est passé

Tous ces mots emmêlés

Des lignes embrasées

Ou du papier froissé,

C'est le temps de se voir

Un instant dans le noir

Des flammes étouffées

Qu'on voudrait attiser,

C'est le temps d'une histoire

Qu'on raconte le soir

Une légende à pleurer

Une ferveur à crever,

Des étoiles qui brillent

Des nuages dissipés

Un voyage lointain

Rêver jusqu'au matin,

Le moment de se dire

Ce qu'on n'a pas pu s'écrire

Faire tomber les masques

Un rayon de soleil,

C'est le temps d'un soupir

Une pause et réfléchir

L'avenir devient rose

Quand il n'y a plus d'épines.

L'oreiller

J'ai caché sous l'oreiller

Tous mes rêves édulcorés

Je m'enlise dans ce répit

Qui s'effondre sur mes nuits

J'ai demandé aux étoiles

De rester sur cette toile

Que le jour ne soit pressé

D'effacer cet idéal

Je m'étale dans ce délire

Mélange de sève et de soupirs

Les aiguilles courent sur le cadran

Pour me voler ces doux moments.

Maman

J'ai écrit ce qu'elle aimait

Source d'amour d'une assoiffée

Trop plein de mots qui débordaient,

Ces phrases planquées dans un coin

Toutes ficelées prêtes à livrer

Je les ai gardées que de regrets,

Je n'ai jamais dit que sa douceur

Cette enveloppe qui serre le cœur

Me nourrit jour et nuit,

Je n'ai pas vu ces gestes tendres

Ou je n'ai pas voulu les comprendre

Les yeux fermés j'ai avancé,

J'entends tes pas qui ne s'oublient pas

Et ces comptines déballées

J'entends ton souffle saccadé,

Ce vide m'étouffe désemparé

Ton odeur que je respire

Cette présence que je transpire,

J'aurais aimé te serrer fort

Sentir ton cœur battre très fort

Me diluer dans tes pensées,

J'aurais aimé te dire ce verbe

Que la pudeur m'a interdit

Une carence qui me suit,

La nuit le jour tu me poursuis

Dans les dédales de ma vie

Un fantôme que je chéris,

Je te vois je t'imagine

C'est ton ombre que je piétine

Dans ces lueurs divines,

J'entends ta voix quand ça ne va pas

Foyer d'amour des mauvais jours

Un pansement pour toutes mes plaies,

Une vie qui éclate

Un partage de souffrances

Et de rires écarlates,

Je n'étais pas là quand tu avais peur

J'avais peur quand tu n'étais pas là

On s'est nourri d'incertitudes,

Je viens te dire Merci

Tes sacrifices tes plaidoiries

J'ai ton empreinte sur mon cœur.

Me retourner

Le jour approche

La vie est moche

Une valise et ma télé,

C'était le dernier tour de clé

Je n'ose pas me retourner,

Ils ont dit je serai bien

Mais je ne reverrai plus mon chien

Quelques bribes du passé

Accrochés sur ces murs peints,

Les enfants sont ravis

Plus de craintes ni d'ennuis

Bien installé dans cette serre

Les bras croisés on me sert,

Les soignants sont patients

Cajolé comme un enfant

À quatre fois vingt ans

On est plus sur le même banc,

Le docteur me dit toujours

Votre cœur est une horloge

À quoi servent ces éloges

Je déteste son discours,

La nuit je rôde dans les couloirs

Pour effacer mes idées noires

Ce sommeil que j'aimais tant

Un ennemi au fil du temps,

L'heure du repas tous impatients

Mes dents fixées je suis armé

Pas un mot un sifflement

Ne se détache de ces gourmands,

Ces souvenirs sans fond

Tapissent mes jours

Garnissent mes nuits

Un remède à la mélancolie,

La lumière est mon repère

Le soleil ma vitamine

Je m'éteins quand vient la nuit

Comme cette télé qui m'ennuie.

Mi

Miracle

Minuit

Michel

Missel

Les yeux levés vers le ciel

Ministre

Mission

Mirage

Minable

Un aperçu de cette fable

Mine

Missile

Milice

Mitraille

J'entends déjà les funérailles

Myocarde

Microbe

Minerve

Myopathe

Sèche tes larmes il faut te battre

Mitard

Mite

Miséreux

Mirador

C'est le temps de l'inconfort

Million

Millier

Milieu

Micmac

Des magouilles pour quelques plaques

Mitonne

Mijote

Miel

Miette

J'ai succombé à cette fête

Migraine

Miroir

Minois

Minceur

Une rengaine qui les rend folles

Midi

Minuit

Mi-temps

Minuterie

J'ai retiré toutes les aiguilles

Minot

Miston

Mignons

Mioche

Ma jeunesse n'est plus à l'heure

Miaou

Minette

Mignon

Minou

Des ronrons et des ronrons

Pas de Si

Rien que des Mi

Tout est permis

Dans ce récit.

Moi

Ni croix de bois

Ni croix de fer

Je crois en moi

Et à l'enfer,

Les opinions

Les préjugés

Des électrons

À éviter,

Je me promène

Dans mes pensées

C'est mon domaine

Pour exister,

Je n'aime pas les gens

Qui se pavanent

Cachés derrière

Leurs bonnets d'ânes,

De la souffrance

À profusion

Qui éclabousse

Tous ces poltrons,

Toutes ces richesses

Que se partagent

Une poignée d'hommes

Que l'on dit sages,

Cette nature

Que l'on dévore

Comme ces vautours

Sur la mort,

Ces décors

Couleurs de sang

Qui se répandent

Lentement,

Vous me direz

Je suis cynique

Je vous dirai

Je suis pratique,

Gardez bien

Les yeux ouverts

Notre avenir

Est un gruyère,

Seul l'amour

Peut résister

Et traverser

Ce mauvais temps,

Une alchimie

Non polluée

Qui se transporte

Dans le vent,

Le seul message

Universel

Qui peut s'écrire

Sur les lèvres,

Pas de papier

Ni d'encrier

Seulement deux cœurs

Pour exister.

Opposition

La vie la mort

C'est une fenêtre

Qui s'ouvre et se referme,

La nuit le jour

N'ont jamais le temps

De se parler,

La haine l'amour

Quand ils se croisent

Au secours !

Le bien le mal

Ils se chamaillent

Comme la marmaille,

Le vrai le faux

Une bataille

À coups de mots,

Pied gauche ou droit

Pour l'équilibre

Je n'ai pas le choix,

Lune ou soleil

Un beau combat

Pour les éclats,

Pleurer ou rire

Seulement des larmes

Pour les unir,

Adam ou Eve

Je ne suis qu'un homme

Un joli rêve,

Guerre ou paix

Le rouge sang

C'est démodé,

Athée béni

Les bras ouverts

Et s'enlacer,

Blanc ou noir

Des enveloppes

Sur un miroir,

Débit crédit

Un funambule

Sans scrupules,

Des rides ou pas

Le temps s'écrit

Sur les visages,

La vie la mort

Un long voyage

Une seule escale.

L'éternité

Un an, le temps d'une rotation

La tête à l'envers

Tes yeux couleurs nuit

Dérobent mes nuits,

Un mois, une absence qui dure

Un silence qui pèse

Pas un mot une rature

Ni le son d'une brève,

Une semaine, les bribes d'une saison

Pour se jeter un sort

Le fruit d'une passion

De l'aube jusqu'à l'aurore,

Un jour, un duel au soleil

Pour décrocher la lune

Les amours qui s'éveillent

Finissent dans le sommeil,

Une heure, c'est le temps qu'il nous reste

Pour croiser nos regards

Enfiler une veste

Attention au départ,

Une minute, nos lèvres sont figées

Une apnée de désir

Il nous faut remonter

C'est ton air que j'inspire,

Une seconde, une petite étincelle

Qui fait briller les yeux

Un arc qui ensorcelle

Pour te mettre le feu,

L'éternité, un refuge où se terrent

La haine la passion

Les regrets les pardons

Une arche d'émotions.

Vide

Ta lumière s'est éteinte

Je ne sais plus lire les heures

Les jours sont comme les nuits

Les aiguilles emmêlées,

Ton soleil ne brille plus

Il a gommé ton ombre

Il me reste ce fantôme

Quand tout devient sombre,

Plus de sons sur tes mots

Nos secrets exaltants

Ce langage animé

De desseins embrasés,

De ta peau il me reste

Le velours d'une caresse

Des rondeurs qui s'effacent

Des reflets de ma glace,

Tu m'as offert tes nuits

Sans rabais sans compter

Une friandise exquise

Cet interdit salé,

Tu m'as laissé ces phrases

Des poèmes empressés

Une romance de proses

Qui finit sans les roses,

Dans ma vie plus de bruits

Ces gestes quotidiens

Devenus acouphènes

Des échos qui s'enchainent,

Il me reste des miettes

Ces bouts de cigarettes

À moitié consumé

Comme notre amour bradé,

Des pages arrachées

D'une histoire à cent balles

Des lignes pour pleurer

Quand succombent les âmes,

Ton parfum sur ma veste

Se répand comme la peste

Ma pandémie à moi

Que je ne partage pas,

Cet oiseau du matin

N'a plus le même refrain

De ce chant bucolique

Une tragédie lyrique,

Assis à cette table

Mon assiette se vide

Tout est rance tout est fade

Un silence de moine,

Mon lit est un désert

Aucune trace de vie

Il parait que naguère

Un Eden chaque nuit,

Nos destins dépolis

Rien ne brille dans nos yeux

Ce chemin cabossé

A libéré nos mains,

Je t'avais promis la Une

De ces revues glacées

Nous voilà dans l'écume

De ces amours percés

Ton sourire si pur

Agrafé sur ce mur

Ma vitamine D

Mon remède bien caché,

Mon cœur s'est ridé

Comme ce papier froissé

Mon ivresse dissipée

Ma fièvre évaporée.

Demain

Je parie que demain

Tu te feras jolie

Du rouge au bout des mains

Et des lèvres vernies

Un léger maquillage

Pour embellir tes pages

Des rides qui s'égarent

Sur ton joli miroir,

Je parie que demain

On se prendra la main

Cette chaleur oubliée

Dans nos moments glacés

On écrira le soir

Des romans de velours

Enfermés dans le noir

Jusqu'au lever du jour,

Je parie que demain

S'envolent les chagrins

Et ces mouchoirs mouillés

Qu'il nous faudra brûler

On mêlera nos racines

De la tête à nos pieds

Tous ces vents qui fascinent

Ne pourront t'arracher,

Je parie que demain

Tu viendras m'enlacer

Chuchoter à l'oreille

Tous ces mots oubliés

Je poserai ma main

Sur cette joue rosée

L'autre main emmêlée

Dans tes cheveux froissés,

Je parie que demain

On pourra conjuguer

Ce verbe pour Aimer

Le temps nous est compté

S'aimer à tous les temps

Au futur au présent

Le sinistre passé

Je l'ai décomposé,

Je parie que demain

Tes veines vont s'ouvrir

Un afflux de sang

Pour ce cœur à nourrir

Le rythme d'un tambour

Sur un fond de bruit sourd

Une cadence à offrir

Plus beau que les discours,

Je parie que demain

Tu verras dans tes nuits

Le reflet de ses joues

La douceur d'une envie

Une vision arrondie

Nous offrir une vie

Un privilège tendre

Qui ne saurait attendre,

Je parie que demain

Je serai à tes pieds

Les deux genoux à terre

Les yeux écarquillés

Tu liras sur mes lèvres

Des mots voluptueux

Ces fragments qui s'emmêlent

Pour bâtir nos rêves,

Je parie que demain…

www.facebook.com/victor.poemes